Der Rattenfänger von Hameln –
was wirklich geschah

Gerlis Zillgens

Romeo, der Zaubertrommler

Illustrationen
von Katja Jäger

Für Steffi Celler

Das Buch wurde auf FSC-zertifiziertem Papier gedruckt und leistet damit einen aktiven Beitrag zur nachhaltigen Bewirtschaftung der Wälder rund um den Globus.

ISBN 978-3-943086-92-8

1. Auflage Februar 2019

© 2019 Südpol Verlag, Grevenbroich

Umschlag und Illustrationen: Katja Jäger

www.suedpol-verlag.de

Bibliographische Information der Deutschen Nationalbibliothek
Die Deutsche Nationalbibliothek verzeichnet diese Publikation in der Deutschen Nationalbibliographie; detaillierte bibliographische Daten sind im Internet über http://dnb.ddb.de abrufbar.

FSC
www.fsc.org

MIX
Papier aus verantwortungsvollen Quellen
FSC® C014138

Inhalt

Die perfekte Trommel

Da ist eine! Endlich! Romeos kleines Herz spurtet los. Seit Monaten sucht er den Müllberg nach einer Trommel ab. Romeo hat schon gar nicht mehr daran geglaubt, jemals eine zu finden. Obwohl die Menschen hier so viel wegschmeißen, das man noch brauchen kann. Vorsichtig zieht er sie aus einem Haufen alter, vergammelter Kartons heraus. Intergalaktisches Knallbonbon! Das ist eine gute Trommel. Nicht zu groß. Nicht zu klein. Er klopft auf das Fell. PLONG macht es. Ein wundervolles, sattes PLONG. Ein super PLONG! Das ist die perfekte Trommel.

»Romeo!«

Er erschrickt. Blitzschnell schiebt er seinen Schatz unter die Kartons.

»Romeo, was machst du hier?« Die Stimme seiner Mutter klingt nicht so, als würde sie sich furchtbar freuen, ihn zu sehen.

»Ich ... ähm ...«

»Hast du schon wieder die letzte Schulstunde geschwänzt?«

Na klar hat er die geschwänzt. Sonst wäre er ja nicht hier auf dem Müllberg.

Sonst säße er gerade im Unterricht bei Frau Siebensammler und würde sich gähnend langweilen. Gleich
wird seine Mutter tief Luft holen, ein bisschen stöhnen
und sagen: *Romeo! Kannst du bitte antworten, wenn
ich dich etwas frage!*

Sie holt tief Luft, stöhnt ein bisschen und sagt:
»Romeo! Kannst du bitte antworten, wenn ich dich
etwas frage!«

Romeo seufzt leise. »Tut mir leid, Mama.«

Komplett gelogen ist das nicht. Romeo tut es zwar nicht leid, dass er die Schule schwänzt. Aber dass seine Mutter sich dann immer so furchtbar aufregen muss, das tut ihm wirklich leid.

Sie schüttelt den Kopf. »Ach, was soll ich bloß mit dir machen?«

Diese Frage könnte Romeo allerdings prima beantworten. Sie könnte ihn trommeln lassen. Sie könnte ihm sagen, *mein lieber Sohn, du brauchst nie wieder in die doofe Müllschule zu gehen. Wir bauen für dich eine Musikschule und da kannst du den ganzen Tag Musik machen.*

Aber Romeo weiß, dass das jetzt die falschen Antworten wären. Seine Eltern wollen nämlich nicht, dass er Musik macht. Romeo hatte einmal eine Trommel. Und auf der hat er den ganzen Tag gespielt. In jeder freien Minute. Und er ist in der Schule noch viel schlechter geworden, als er sowieso schon war.

Also sagt er lieber nichts.

Romeos Mutter stöhnt noch mal. Aber diesmal klingt es schon sanfter. »Also komm, wir gehen nach Hause. Und heute Nachmittag holen wir nach, was du versäumt hast.«

Romeo trottet seiner Mutter hinterher. Unauffällig wirft er einen Blick zurück. Ein winziges Lächeln huscht über sein Gesicht. Später will er zurückkommen und die perfekte Trommel in sein Versteck bringen. Hach, wäre es doch nur schon später.

8

Hineingetapst

Romeos Kopf sinkt auf den Schreibtisch. Er ist soooo müde.

»Romeo!« Seine Mutter klingt unglücklich. »Du musst dich mehr anstrengen! Wie willst du denn mal ein guter Müllarbeiter werden, wenn du nicht lernst?«

»Ich will ja gar kein Müllarbeiter werden.«

»Ach«, seufzt sie, »ich verstehe dich einfach nicht. Du weißt doch, dass wir alle Müllarbeiter oder Lehrer für zukünftige Müllarbeiter sind. Schon immer. Alle Ratten lernen in der Schule, wie man Müll sammelt und sortiert und entsorgt. Wir erfahren, was wir davon essen können und was nicht. Wir sind für Müll gemacht.«

»Ich nicht!« Romeo klingt trotzig. »Ich bin dafür gemacht, Musiker zu werden! Schlagzeuger! Trommler. In einer coolen Band*!«

»Ratten haben keine *Bands*!« Romeos Vater schüttelt den Kopf. »Wer soll denn sonst den ganzen Müll wegschaffen, den die Menschen machen? Du siehst doch, dass wir mit der Arbeit schon jetzt kaum hinterherkommen. Wir brauchen jede Pfote!«

* Das ist Englisch, man spricht es »Bänd« aus und es bedeutet *Musikgruppe*

»Die Menschen könnten ja mal aufhören, so rumzusauen!«

»Menschen produzieren immer Müll. Die können nicht anders. So, und nun Schluss mit der Diskussion! Konzentrier dich auf deine Aufgaben!«

Irgendwann später hat Romeo endlich den ganzen Unterrichtsstoff in seinen Kopf gequetscht. Der tut weh und droht gleich zu platzen.

»Kann ich jetzt noch ein bisschen spielen gehen, Mama?« Romeo lächelt so lieb, wie er kann.

»Aber nicht zu lang. Und bleib im Rattenbereich! Halt dich von den Menschen fern. Du weißt, die wollen uns immer von der Arbeit abhalten und einfangen.«

Romeos Vater schüttelt den Kopf. »Dabei wären sie ohne uns völlig aufgeschmissen. Ersticken würden sie in ihrem eigenen Müll.«

Romeo rennt, so schnell die vier Pfoten ihn tragen. Er kann den Müllberg schon sehen. Hoffentlich ist seine Trommel noch ...

RUMS! Ein ohrenbetäubend lauter Knall lässt Romeo zusammenfahren. Was ist das? Um ihn herum befinden sich auf einmal Gitter. Verlauster Putzlappen! Er ist in eine Falle geraten. Und da nähert sich ein Mensch. Romeos Fellhaare stellen sich auf.

Der Mensch hält etwas Schwarzes in den Händen.

Es wird dunkel.

Stockdunkel.

Romeos Herz bleibt stotternd stehen.

11

In der Falle

Die Falle wird hochgerissen. Der Mensch rennt los. Romeo dotzt gegen das Seitengitter. Er kippt um, rutscht und knallt gegen die andere Seite. Vergeblich versucht er, sich mit den Krallen auf dem glatten Fallenboden festzuhalten.

Der Mensch hechelt aufgeregt. »Pia! Geh schon ran! Nun mach schon!« Die Stimme überschlägt sich. »Pia! Endlich! Hier ist Jule. Ich hab eine, stell dir vor, ich hab eine!«

Der Schleudergang geht weiter. Vierzehnhundert Umdrehungen. Romeo schliddert und fällt und purzelt herum.

Der Mensch schnauft stärker. »Ja, klar, voll eklig. Wie alle Ratten.«

Romeo weiß nicht mehr, wo oben und unten ist. Was gäbe er jetzt dafür, sich im Unterricht von Frau Siebensammler zu langweilen.

»Wie groß? Keine Ahnung. Ich hab ja sofort ein Tuch über die Falle geworfen.«

Romeo rutscht zur Abwechslung mal nach vorn und knallt mit der Nase gegen das Gitter. PÄNG! AUAAA!

Der Mensch lacht. »Ja, ich bring sie zu Papa. Ruf dich später noch mal an, Pia.«

Der Schleudergang lässt irgendwann nach. Eine Tür quietscht, es geht offensichtlich eine Treppe hoch, dann ein lautes Klopfen.

»Herein«, sagt eine tiefe Stimme.

»Papa, guck mal! Ich habe eine gefangen!«

Plötzlich wird es gleißend hell.
Romeo ist geblendet. Zwei Umrisse
schälen sich langsam heraus. Ein
kleines, dünnes Mädchen stellt die
Falle auf einen riesigen Schreibtisch.
Ein großer, dicker Mann klopft dem
Mädchen anerkennend auf die Schulter. »Super, Jule.
Wenn alle so gut mitarbeiten würden, hätten wir das
Problem bald gelöst.« Er holt zwei Scheine aus seiner
Geldbörse. »Dafür gibt's jetzt die doppelte Belohnung.
Ich weiß ja, dass du für die neue Flöte sparst.«

Das Mädchen fällt ihm um den Hals. »Du bist nicht nur der beste Bürgermeister der Welt. Du bist auch der beste Papa von allen.« Es zupft ihm die Scheine aus der Hand und läuft fröhlich pfeifend aus dem Zimmer.

Der Mann beugt sich herunter. Romeo weicht zurück, so weit die enge Falle das zulässt. Trotzdem kann er den Menschen deutlich riechen. Puh. Romeo rümpft die Nase. Schleimiger Stinkekäse. Menschen sind einfach grässliche Wesen.

Und schon erhebt sich Romeo wieder in die Lüfte. Diesmal aber Gott sei Dank ohne Schleudergang, der dicke Bürgermeister kann nicht so rennen wie seine Tochter. Er verlässt den Raum, steigt Treppen hinunter, bringt die Falle in einen Kellerraum und verschwindet wieder, ohne Romeo auch nur noch einen Blick zuzuwerfen.

15

Was kannst du denn?

Es ist feucht und riecht modrig. Es herrscht Totenstille. Romeo ist mutterseelenallein gefangen in einem Menschenhaus. Und das alles nur, weil er heute die Stunde bei Frau Siebensammler geschwänzt hat. Verwanzter Altkleidersack! Es ist zum Fellausraufen.

»Hi«, sagt eine tiefe Stimme hinter ihm.

Romeo fährt erschrocken herum.

Ein junger Rattenmann, in einer anderen Falle hockend, hebt eine Pfote. »Willkommen im Club der Blödbommel, die in Fallen tapsen. Ich bin Lorenzo. Und du?«

Romeo ist heilfroh, eine andere Ratte zu sehen. »Ich heiße Romeo.«

»Hallo Romeo. Also sind wir heute schon zwei, die sie quitt werden wollen.«

Romeo stottert: »Aber wa–, wa–, was wollen die mit uns machen?«

»Na«, Lorenzo putzt sich entspannt das Fell, »wegschaffen. So weit weg, dass wir nie wieder nach Hause finden.«

»A–, a–, ab–« Romeo kriegt kein Wort mehr über die Lippen. Er war noch nie länger als ein paar Stunden von zu Hause weg. Die Vorstellung, irgendwo zu sein, von wo er nie wieder nach Hause findet, ist einfach zu gruselig. »Aaaber ... die brauchen uns doch.«

Lorenzo gähnt gelangweilt. »Ja, klar! Nur die Menschen sind nicht die Klügsten, mein Kleiner. Die denken, mit dem bisschen Abfall werden sie schon selber locker fertig. Keinen blassen Schimmer haben sie davon, dass wir es sind, die ihren Müll sortieren und beseitigen.«

Romeo schießen Bilder durch den Kopf, die er im Unterricht bei Frau Siebensammler gesehen hat. Riesige Abfallhaufen überall in den Nebenstraßen. Wiesen voller Plastikmüll. »Die Menschen machen doch Berge davon! Selbst der Stadtpark quillt schon über.«

»Ja, so sind sie halt. Können wohl nicht anders.« Lorenzo lehnt sich bequem gegen die Seitenwand seiner Falle. »Komm, wir spielen ein Spiel.«

Hat Romeo richtig gehört? Die beiden sitzen in der Falle und Lorenzo will *spielen*?

»Das Spiel heißt: Was kannst du und was kann ich?« Romeo hat von diesem Spiel noch nie gehört.

»Okay, ich fang an. Ich frage dich: Romeo, was kannst du am allerbesten?«

Da muss er nicht lange nachdenken. »Trommeln!«

»Wow!« Lorenzo pfeift anerkennend. »Lass mal hören!«

»Echt?« Romeos Eltern wollten noch nie zuhören. Sie haben immer nur rumgemeckert wegen der schlechten Schulnoten.

Zaghaft trommelt Romeo mit den Pfoten auf den Fallenboden, dann hämmert er ein bisschen mutiger gegen die Gitterstäbe. Die Angst schrumpft wie ein alter Luftballon.

Lorenzo klatscht Beifall. »Toll, du bist ja ein wahrer Zaubertrommler! Das ist spitze!« Dann zuckt er bedauernd mit den Schultern. »Hilft nur im Augenblick nicht viel weiter. So, und jetzt musst du *mich* fragen!«

»Was kannst du am allerbesten?«

Lorenzos Mundwinkel werden so breit, dass sie von einem Ohr zum anderen reichen. »Am allerbesten auf der ganzen Welt kann ich ...«, er genießt eine lange Pause, »... Fallen knacken! Hihi. Und das hilft uns gerade ziemlich weiter.« Lorenzo fasst mit beiden Pfoten an die Fallentür. »Schau hin, Romeo! Meine ist kinder-

tataaa...

leicht zu öffnen, wenn man weiß, wie's geht.« Er schiebt ein bisschen hier und drückt ein bisschen dort und schwupps, springt die Fallentür auf. Hammer! Romeo ist sprachlos.

Lorenzo trabt aus seinem Gefängnis und begutachtet Romeos Falle. »Aha, aha, aha, die ist ein bisschen komplizierter. Sie versuchen immer wieder mal, die Fallen ausbruchssicherer zu machen.« Er läuft herum und schaut von allen Seiten. »Das Problem der Menschen ist aber, dass sie uns Ratten nicht unterscheiden können. Und deswegen«, er lacht, »kriegen sie nicht mit, dass ihnen jeden Nachmittag aufs Neue Lorenzo, der beste Fallenknacker der Welt, in die Falle läuft.«

»Was?« Romeo kann's nicht glauben. »Soll das heißen, dass du dich immer wieder freiwillig schnappen lässt?«

»Exakt. Und dann lasse ich alle Blödbommel, die sich unfreiwillig haben fangen lassen, wieder frei.« Mit einem gezielten Ruck öffnet er Romeos Falle. Lorenzo trommelt sich voller Vergnügen auf die eigene Brust. »Hach, ich bin ja soooo gut!«

Romeo tastet sich vorsichtig heraus. Lorenzo ist schon unterwegs Richtung Kellerfenster. »Komm, kleiner Romeo, dann bring ich dich mal sicher nach Hause.«

Heiliger Müllsack!

Romeo kommt noch gerade rechtzeitig zum Abend-
essen. Er erzählt seinen Eltern nichts von Lorenzo
und der Falle. Besser so. Wenn sie sich zu viele Sorgen
machen, darf er am Ende nicht mehr alleine raus.

Romeo hat einen Plan, wie er heute noch an seine
Trommel kommen kann, obwohl es schon spät ist. Er
zieht die Nase hoch, hüstelt und gähnt übertrieben
kräftig. »Ich bin sooo müde, Mama«, sagt er mit
verschnupfter Stimme.

»Wirst du etwa krank, Schatz?« Sie befühlt seine
Stirn.

Romeo hustet ein paar Mal kräftig. Und schon setzt
das *Mama-sorgt-sich-Programm* ein. Erkältungstee,
Wärmflasche, Bett. Perfekt!

Kaum hat sie Gute Nacht gesagt und sein Zimmer
verlassen, steht er leise auf. Er schiebt ein paar
Klamotten so unter die Bettdecke, dass es aussieht,
als läge er schlafend darunter. Dann in Windeseile ab
durchs Fenster.

Sie ist noch da! Die Trommel hat auf ihn gewartet. Romeo fühlt sich, als würde ein ganzer See voller Glückswasser mitten in ihn hineingekippt. Er zupft aus ein paar zerrissenen Turnschuhen die Schnürriemen heraus, befestigt sie an der Trommel und hängt sie sich um. Sein Geheimversteck im Kleiderschrank wartet schon auf sie.

Nun aber los. Den Müllberg hinunter, über die Straße geflitzt, um die Ecke gehuscht. RUMS! Ein ohrenbetäubend lauter Knall. Die Gitter sind wieder um ihn herum. Ach, du fetter Müllhaufen! An einem Tag zweimal in eine Falle zu geraten, das kann tatsächlich nur einem Oberblödbommel passieren.

»Pia! Stell dir vor, ich hab *noch* eine!«, ruft die Tochter des Bürgermeisters triumphierend. »Wir treffen uns bei mir. Ich muss dir was zeigen!«

Und schon wird es dunkel und der Schleudergang setzt wieder ein.

Als es hell wird, befindet sich Romeo auf einem Tisch
in einem Menschenzimmer. Er schaut sich hastig um.
Lorenzo hat ihm eingeschärft: Du musst immer und
überall als Allererstes nach Fluchtwegen suchen! Romeo
entdeckt die offen stehende Balkontür. Die Falle, in
der er sitzt, ist eine von den einfachen. Gut! Romeo hat
genau zugesehen, wie Lorenzo sie geknackt hat.

Jule und Pia betrachten Romeo durch die Gitterstäbe.
»Mit der Belohnung für die zweite Ratte hab ich genug
Geld für die neue Flöte«, freut sich Jule.

Sie erkennt mich tatsächlich nicht, denkt Romeo.

»Bäh, dieser lange Schwanz.« Pia schüttelt sich. »Hässlich!«

Wie bitte? Romeo ist sauer! Sein Schwanz ist der Hit! Sogar trommeln kann der!

»Warum hast du sie nicht ins Rathaus gebracht?«

»War schon zu. Papa kann sie morgen mitnehmen.« Jule beugt sich vor. »Und ich wollte dir die Trommel zeigen. Warum sie die wohl umhängen hat?«

Pia lacht. »Vielleicht ist sie ja Musiker.«

»Haha«, lacht auch Jule, »eine Musikerratte, sehr witzig.«

Überhaupt nicht witzig, denkt Romeo.

Pia beugt sich vor. »Im Gegensatz zur Ratte ist die Trommel sehr hübsch. Die könnte ich meinem Bruder schenken.«

WAS??? Romeos Fellhärchen stellen sich auf. Ihn erst beleidigen und dann noch seine Trommel klauen wollen?

»Paul? Der kann doch noch nicht mal laufen.«

»Aber er freut sich über alles, was Krach macht.«

Romeos Schläfen pochen. Niemand außer ihm soll die Trommel haben. Und schon gar kein Baby-Paul, der darauf herumsabbert.

»Halt sie mal kurz am Schwanz fest, dann hol ich die Trommel raus.«

»Iiiih«, ruft Pia, »ich pack die doch nicht an!«

»Ist doch nur ganz kurz!«

Pia schüttelt sich. »Nee! Bäh!«

Jule stöhnt. »Okay, ich mach's. Dann schnapp du dir die Trommel.«

Romeo wartet, bis Jules Finger sich durch die Gitter- stäbe quetschen. Dann beißt er kräftig in einen hinein. Ha, wie gut das tut!

»Auaaaaaaa!« Jule hält ihren Zeigefinger entrüstet in die Luft. »Die Ratte hat mich gebissen!«

Selbst schuld, denkt Romeo.

Pia winkt ab. »Ach, komm, ich will die Trommel gar nicht mehr! Die riecht auch bestimmt viel zu sehr nach Ratte.« Sie angelt nach dem Tuch und erneut herrscht tiefe Dunkelheit.

Romeo fühlt sich elend. Er leckt all die Stellen, die vom Schleudern wehtun. Und das sind nicht wenige.

Draußen verabschieden sich die Mädchen. Eine Weile ist alles still. Romeo will gerade den Ausbruch starten, da hört er Jule auf einmal tief Luft holen. Dann sirren wunderschöne Flötentöne zu ihm hinein. Seine

Ohren stellen sich kerzengerade auf. So schöne Musik hat Romeo noch nie in seinem Leben gehört. Heiliger Müllsack! Er hätte nicht gedacht, dass ein Mensch so etwas Traumhaftes zaubern kann.

Ein unwiderstehlicher Drang, mehr von dieser Musik zu hören, breitet sich in ihm aus. Verzückt hört er weiter zu.

Erst als es draußen schon lange wieder still ist, erinnert er sich daran, dass es höchste Zeit ist abzuhauen.

Hameln ist keine Scheibe

Überall hört Romeo Jules Flötentöne. Den ganzen Morgen über schwirren sie durch seinen Kopf. Sie summen über Frau Siebensammlers langweilige Stimme hinweg. Sie klingen beim Käseauflauf am Mittag. Sie spielen ein kleines Konzert beim Hausaufgabenmachen.

Romeo will mehr davon! Viel mehr!

Diesmal achtet er auf Fallen. Er drückt sich an Bordsteinkanten und Hauswänden vorbei und macht sich so unsichtbar wie möglich. Geschafft! Mit ein paar Sätzen über eine kleine Lärche springt er auf den Balkon, von dem er gestern Abend heruntergehüpft ist. Vorsichtig lugt er in Jules Zimmer. Niemand da. Aber irgendwo im Haus hört er sie mit jemandem sprechen. Romeo muss warten. Nicht gerade das, was er am allerbesten kann.

Irgendwann geht unten die Haustür auf. Er schleicht an die Balkonbrüstung. Jule und Pia, beide bepackt mit Rucksäcken, treten auf die Straße! Rattenflink huscht Romeo vom Balkon herunter und folgt den Mädchen bis zum Stadtrand. Er zögert. Die Hamelner Ratten verlassen die Stadt niemals.

Alle kennen das Gerücht, die Stadt sei eine Scheibe.
Wenn man sie verlässt, fällt man plötzlich runter ins
Nichts. Romeo hat das nie wirklich geglaubt. Aber weiter
als bis zum Standrand ist er trotzdem noch nicht ge-
laufen. Man weiß ja nie.

Die Mädchen wandern weiter. Wenn die keine Angst
haben runterzufallen, braucht er sich auch nicht zu
sorgen. Romeo schleicht hinterher.

Die beiden laufen in einen Wald, folgen lange einem
schmalen Weg und machen schließlich Rast auf einer

Wiese. Romeo versteckt sich hinter einem umgekipp-
ten Baum. Er beobachtet, wie Jule eine Flöte aus ihrem
Rucksack holt. Diesmal spielt sie fast noch grandioser als
gestern Abend. Diese Flöte hat einen volleren, schöneren
Klang.

Romeo muss einfach mitspielen. Er kann nicht
anders. So leise wie möglich trommelt er auf der Rinde
des Baums. Das macht noch viel mehr Spaß, als allein zu
spielen. DUMMBADDA DUMM DUMM. BAMMBADDA
DAMM DAMM.

Auf einmal bricht die Musik ab. Romeo lugt um den Baum. Jule hat die Flöte beiseitegelegt. Pia holt belegte Brote aus ihrem Rucksack. Stinkiger Schimmelpilz! Jule soll spielen, nicht essen. Romeo kann das Stöhnen nicht unterdrücken. Jule hebt den Kopf. Die beiden sehen sich direkt in die Augen.

Pia greift nach einem Stock und schleudert ihn Richtung Romeo. »Eine Ratte!«, ruft sie laut. Der Stock trifft Romeo schmerzhaft am Kopf. »Hey, Ratte, husch, husch, mach dich vom Acker! Hier gibt's nichts zu fressen!«

Pia greift nach einem weiteren Stock. Romeo geht in Deckung.

»Diese Ratte«, hört er Jule sagen, »komisch, aber ich glaube, das war die, die neulich aus der Falle ausgebüxt ist.«

»Hä?«, sagt Pia. »Wie kommst du denn da drauf? Die sehen doch alle gleich aus.«

»Ich weiß nicht«, sagt Jule, »irgendwie ... hatte ich so ein Gefühl.«

Pia lacht. »Ach du immer mit deinen Gefühlen.«

»Wahrscheinlich hast du recht«, sagt Jule. »Gibt mir bitte noch ein Käsebrot!«

Romeo schleicht sich lautlos zurück Richtung Stadt. Er lächelt. Jule hat ihn erkannt. Und Lorenzo und Pia haben *nicht* recht. Vielleicht können andere Menschen Ratten nicht unterscheiden. Aber Jule kann es schon. Sie ist eben etwas ganz Besonderes.

Die Schaukel quietscht

Romeo kann das Ende der letzten Schulstunde bei Frau Siebensammler kaum erwarten. Er muss dringend wieder in den Musikhimmel. Jules Tagesablauf kennt er inzwischen auswendig. Er weiß, wann sie zur Schule geht, er weiß, wann sie ihre Freundin trifft, aber vor allem weiß er, wann und wo sie Flöte spielt.

Irgendwo versteckt hinter Bäumen, Blumentöpfen oder Schulhofbänken hört Romeo ihr zu und kann nicht genug davon bekommen. Wenn seine Eltern wüssten, wie oft er sich im Menschenbereich aufhält, würden sie ihn nie wieder vor die Tür lassen.

Es klingelt. Schulschluss. Endlich! Romeo stürmt
los. Die Treppe runter, flink durch die Eingangstüre, in
großen Sätzen über den Pausenhof. RUMS knallt er in
jemanden rein, der vor dem Schultor wartet.

»Na, Romeo! Warum so stürmisch unterwegs?«, fragt
der beste Fallenknacker der Welt.

»Hallo Lorenzo!«, ruft Romeo. »Ich hab grad keine
Zeit, ich muss ... ähm ... weg.«

»Wir müssen reden«, sagt Lorenzo. »Komm mit!«
Er läuft lässig die Straße hinunter.

Romeo bewegt sich nicht. Er verpasst doch Jules
Flötenstunde!

Lorenzo schaut sich um. »Nun mach schon, is'
wichtig!«

Er führt Romeo auf einen verlassenen Spielplatz.
Hier hockt er sich auf eine verrostete Schaukel, die bei
jedem Vorwärts- und Rückwärtsschwingen hässlich
quietscht. Lorenzo klopft auf die Sitzfläche neben sich.
Romeo hüpft schlecht gelaunt hinauf.

»Die Menschen haben es kapiert!«

»Was?«

»Dass sie uns mit den Fallen nicht kriegen.«

»Sie stellen keine mehr auf?«

»Nein!«

»Ist doch super, dann können sie uns nicht mehr
fangen«, sagt Romeo. Und denkt: Dann kann ich endlich
los zu Jule.

QUIETSCH, QUIETSCH, macht die Schaukel.

Lorenzo schüttelt den Kopf. »Jetzt wollen sie's mit
Ködern probieren.«

Romeo weiß nicht, was Köder sind.

»Ich hab den Bürgermeister belauscht. Sie werden
Nahrung mit Betäubungsmittel auslegen. Wir essen es,
kippen um, sie sammeln uns ein und bringen uns fort. Da
kann auch der beste Fallenknacker nicht mehr helfen.«

QUIETSCH, QUIETSCH, macht die Schaukel.

»Wir haben nur noch wenig Zeit, bis es losgeht. Das heißt, wir müssen so schnell wie möglich raus aus Hameln.« Lorenzo seufzt und sieht Romeo eindringlich an. »Der Zaubertrommler rennt dem Flötenmädchen hinterher.«

Romeo rutscht vor Schreck von der Schaukel. »Woher weißt du ...?«

Lorenzo pendelt weiter hin und her. QUIETSCH, QUIETSCH.

»Du bist dem Flötenmädchen gefolgt, ich bin dir gefolgt. Diese Stelle im Wald, die mit der Wiese, das ist ein guter Ort. Obst, Nüsse, Insekten, alles da. Nahrung im Überfluss für uns.«

»Aber die Ratten haben Hameln doch noch nie verlassen. Sie würden nicht freiwillig weggehen.« Romeo schüttelt ungläubig den Kopf.

Lorenzo nickt. »Und viele denken sogar, sie fallen am Stadtrand runter.« Er lächelt. »Aber das Flötenmädchen ist der Hammer. Man *muss* einfach hinterher, wenn man sie hört. Wenn es eine schaffen kann, unsere Leute aus Hameln herauszuführen, dann sie.«

Romeo sieht Lorenzo mit großen Augen an. »Du findest auch, dass sie so toll spielt?«

»Magisch! Ich wette, selbst die, die ihren Vorgarten noch nie verlassen haben, würden ihr nachlaufen. Und dann können sie den Platz da im Wald selbst erleben. Sie müssen mit eigenen Augen sehen, wie schön es auch ohne Müll sein kann. Und dass es möglich wäre, dort etwas Neues anzufangen.« Er springt von der Schaukel und hockt sich vor Romeo. »Da kann nur der Zaubertrommler helfen. Du bist Musiker. Genau wie sie. Du kannst sie mit deiner Musik überzeugen. Du musst dafür sorgen, dass alle die Flöte hören!«

Romeo erschrickt. »Was?«

»Du musst mit ihr reden und sie bitten, uns Ratten
aus der Stadt zu locken.«

»WAS???« Romeo wird kälter als einem Fischstäbchen
im Tiefkühlfach.

Zittrige Pfoten

Romeo wartet in einem unbewohnten Hauseingang, der auf Jules morgendlichem Schulweg liegt. Er wird trommeln. Jule wird erkennen, wie gut er das kann. Dann wird er sie ansprechen. Es ist ganz leicht, sagt er sich. Megasimpel! Pupseinfach!

Mann, hat er Bammel!

Die Kirchturmglocke beginnt zu schlagen, als sich ihre Schritte nähern. Also los! Romeo versucht, die zittrigen Pfoten zu heben. Sie gehorchen ihm nicht.

Nun mach schon, befiehlt ihm eine innere Stimme. *Trommel!*

Seine Pfoten weigern sich.

Trommel endlich!

Romeo versucht es mit aller Kraft. Nichts. Jule schlendert am Hauseingang vorbei. Verblüfft bleibt sie stehen.

Nun trommel, du Blödbommel!

Nichts. Verglichen mit Romeos eisiger Starre ist ein Fischstäbchen im Tiefkühlfach ein warmer, weicher Wattebausch.

Jule tritt einen Schritt zurück. »Das glaub ich nicht!« Sie zückt ihr Telefon. »Pia!«, ruft sie schon im Weggehen. »Du glaubst nicht, wen ich gerade wieder gesehen habe. Diese ausgebüxte Ratte. .... Nein, ich spinne nicht. Diesmal hatte sie sogar die Trommel dabei.«

Die letzten Worte hört Romeo nur noch ganz leise aus der Ferne. »Natürlich nicht. Wie soll sie trommeln? Es ist eine Ratte!«

Einen Wimpernschlag später lugt Lorenzo um die Ecke. Er lächelt. »Es geht voran!«

Romeo lässt den Kopf hängen. Nicht mal *einen* Schlag auf der Trommel hat er zustande gekriegt. Nicht das allerkleinste Geräusch. Was ist er nur für ein peinlicher Puddingplumpser.

Lorenzo legt ihm eine Pfote auf die Schulter. »Kopf hoch, Zaubertrommler. Nach dem Spiel ist vor dem Spiel!«

Beim zweiten Versuch auf dem Rückweg von der
Schule trommelt Romeo schon, bevor sie kommt. Wenn
er einmal spielt, können sich seine Pfoten nicht mehr
weigern anzufangen. Als er ihre Schritte hört, überholt
sein Pulsschlag die Anzahl der Trommelschläge. Locker
hundertachtzig in der Minute.

Jule lugt vorsichtig in den Hauseingang.
Zweihundertzwanzig Schläge. DUMMBADDA DUMM
DUMM. BAMMBADDA DAMM DAMM. Jetzt muss
Romeo sie ansprechen. Er versucht den Mund zu öffnen.
Vergeblich. Er kämpft. Vor lauter Anstrengung gerät er
völlig außer Takt. So schlecht hat er noch nicht mal auf
seiner allerersten Trommel gespielt. Romeos Pfoten
rutschen mit einem hässlichen Kratzgeräusch vom Fell.

Jule geht weiter. Romeo hört ihre sich langsam entfernende Stimme. »Ich hab die schon wieder gesehen, Pia. Ja, die ... Weißt du was, die hat sogar getrommelt. Und es klang zuerst auch irgendwie cool.« Jule lacht unsicher. »Ja, das war Zufall. Klar, du hast recht. Sie ist eine Ratte! Die kann nicht trommeln. Aber seltsam ... ist das alles irgendwie schon.«

Romeo schießen die Tränen in die Augen. Gibt es eine noch obermickrigere Loserratte* als ihn?

Lorenzo schlüpft in den Hauseingang und grinst: »Aller guten Dinge sind drei!«

46

* *Loser*: Das ist Englisch, man spricht es »Lusa« aus und es bedeutet *Verlierer*

Balkongeflüster

Romeo und Lorenzo schleichen sich an Jules Haus heran. Wie oft um diese Zeit, spielt sie auch heute auf dem Balkon. Die Vögel auf der Lärche davor zwitschern gemeinsam im Takt mit ihr.

»Diesmal schaffst du es, Zaubertrommler! Ich bin bei dir!« Lorenzo huscht unter den Balkon und zwinkert ihm aufmunternd zu.

Mit geschlossenen Augen versucht Romeo sich in ihren Rhythmus einzufinden.

»Super!« Lorenzo hebt den Daumen.

Romeo spielt raffiniert, wechselt Tempo und Betonung. Er trommelt um sein Leben. So gut war er noch nie.

Plötzlich merkt er, wie er von oben angestarrt wird.

»Hallo Jule«, ruft Romeo hinauf.

Jules Kinnlade klappt herunter. Ihre Augen werden tellergroß. »Ich glaub das nicht! Ich glaub das einfach nicht«, murmelt sie und greift zu ihrem Telefon.

»Bitte nicht!«, ruft Romeo. »Nicht mit Pia telefonieren.«

Lorenzo hebt beide Daumen! »Du machst das großartig!«

Jule lässt die Hand sinken. Ihre Augenbrauen ziehen sich zusammen. »Wer bist du? Wieso kannst du sprechen? Und ...«, sagt sie laut und jedes Wort einzeln betonend: »... wieso spielst du auf einmal so verdammt gut?«

»Romeo. Wir lernen das als Kinder, genau wie ihr. Ich übe schon ziemlich lange.«

»Was?«

»Ich habe deine Fragen beantwortet.«

Lorenzo vollführt einen begeisterten Salto. »Weiter so!«

Jule deutet mit ausgestrecktem Zeigefinger auf ihn.
»Du bist die Ratte, die mich gebissen hat. Du bist die,
die aus der Falle abgehauen ist!«

Romeo nickt. »Aber dein Papa hat dir die Belohnung
trotzdem gegeben. Sonst hättest du die neue Flöte ja
nicht.«

Jule beugt sich so weit über die Balkonbrüstung, dass
Romeo schon Angst bekommt, sie könnte gleich runter-
plumpsen. »Wieso weißt du das alles?«, fragt sie fassungslos.

Ein Mensch nähert sich auf einmal auf der Straße.
Romeo erschrickt.

»Los! Hoch zu ihr auf den Balkon!«, raunt Lorenzo.

Romeo nimmt allen Mut zusammen. »Ich komm und erklär's dir.« Rasant flitzt er am Lärchenstamm hoch und springt auf die Balkonbrüstung. Jule geht drei Schritte zurück.

Romeo legt los. Er erzählt ihr alles, was er auf dem Herzen hat. Dass die Menschen die Ratten brauchen. Dass sie aber stattdessen versuchen, alle zu fangen und fortzubringen.

Jule starrt ihn ununterbrochen an und schüttelt ab und zu ungläubig den Kopf. Aber immerhin hört sie zu und unterbricht ihn nicht.

»Und deswegen musst du uns helfen«, endet Romeo. Er wagt kaum noch zu atmen. Er spürt, wie auch Lorenzo unter dem Balkon die Luft anhält.

Jule schweigt lange. »Hör zu, Ratte ...«, sagt sie dann.

»Romeo«, korrigiert er leise.

»Okay, Romeo. Bis vor ein paar Minuten wusste ich nicht mal, dass ihr Namen habt. Ich wusste nicht, dass ihr reden könnt. Und schon gar nicht, dass ihr Musik machen könnt.« Sie fasst sich an die Stirn. »Ich dachte immer, Ratten sind eklig und dreckig.«

»Also ehrlich!« Romeo protestiert. »Wir putzen uns viele Male am Tag. Mama sagt, bei euch heißt das duschen. Und ihr macht es nur einmal am Tag.«

Jule stutzt. »Ja. Aber das reicht doch auch.«

»Bloß ein einziges Mal!« Romeo verzieht die Mundwinkel. »Deswegen stinkt ihr auch so.«

Unter dem Balkon hört Romeo ein kurzes Stöhnen.

»Was?«, ruft Jule.

»Oh, du natürlich nicht«, stellt Romeo schnell klar. »Du riechst wunderbar.«

Jule wird rot. »Also ...«, sie räuspert sich, »ähm, habe ich das richtig verstanden? Du schlägst mir vor, ich soll eure Retterin werden?«

Romeo beißt sich auf die Lippen und nickt.

Sie richtet sich auf. »Ich sag dir, was ich jetzt mache! Ich leg mich ins Bett. Und dann warte ich, bis ich aus diesem idiotischen Traum wieder aufwache. Ich *will* nicht, dass es Ratten gibt, die Musik machen. Ich *will* mich nicht mit Ratten unterhalten. Sowas gibt es nur im Märchen!« Jule stapft vom Balkon in ihr Zimmer.

»Aber ...«, ruft Romeo ihr verzweifelt hinterher, »wir haben doch keine Zeit mehr ...«

Sie dreht sich noch einmal um. Ihre Augen glitzern verräterisch.

»Und jetzt sag bloß nichts mehr! Sonst werde ich am Ende noch schwach. Ich kann nicht eure Retterin sein, Ratte!«

»Romeo«, korrigiert Lorenzo sanft unterm Balkon.

Raus aus der Stadt

Romeo und Lorenzo betrachten die Müllhalde. Ratten
laufen hin und her und sortieren eifrig. Einige kommen
gerade zum Schichtwechsel, ein paar sind fertig mit der
Arbeit.

»Wir können nicht länger warten. Wir müssen es
leider ohne die himmlische Flötenspielerin wagen«,
sagt Lorenzo. »Trommel sie zusammen! Wenn genug
da sind, ziehen wir los und versuchen, sie aus der Stadt zu
bringen.«

Romeo schluckt. Seine Zunge ist rau wie Schmirgel-
papier. Er ist froh, dass wenigstens seine Eltern gerade
keine Arbeitsschicht haben. Die würden ihn sofort in die
Schule schleifen und alles wäre verloren. Die kann er
später noch nachholen, sollten ihnen heute genug Ratten
folgen.

Er legt los. Ein paar der Arbeiter recken ihre Köpfe.
Einige kommen näher.

»Was ist denn da los?«

»Was macht der Junge da?«

»Was ist das denn Komisches?«

»Gut! Weiter!«, raunt Lorenzo. »Es interessiert sie.«

Immer mehr staunende Ratten versammeln sich.

»Komm, Zaubertrommler!« Lorenzo läuft langsam los, Romeo hinterher. »Folgt uns, Leute! Es gibt wichtige Nachrichten!«

Einige Ratten schütteln verwirrt die Köpfe.

»Wir müssen doch arbeiten.«

»Wir können uns keine Pause leisten.«

»Wer soll den Abfall denn heute wegschaffen?«

Sie drehen ab und kehren zum Müllberg zurück. Einige sind neugieriger und folgen den beiden bis zum Stadtrand. Wie auf Kommando stocken die Ratten.

»Hier geht's nicht weiter«, sagt eine junge Rattenfrau. »Wir kehren um.«

»Hier ist das Ende!«, flüstert ein älterer Rattenmann furchtsam. »Wenn wir weitergehen, fallen wir runter!«

»Leute, Hameln ist keine Scheibe«, ruft Lorenzo, »da kann keiner runterfallen.«

Doch die Ratten vorne weigern sich. Die letzten hinten drehen schon wieder um.

»Ratten sollten Hameln nicht verlassen.«

»Richtig, hier gehören wir hin.«

»Gehen wir wieder an die Arbeit.«

Romeo nimmt die inzwischen schon wundgespielten Pfoten von der Trommel.

»Du hast alles gegeben!« Lorenzo klingt zum ersten Mal mutlos. »Jetzt kann uns nur noch ein Wunder helfen.«

In dem Moment ist aus Richtung Innenstadt plötzlich eine sanfte Melodie zu hören. Es klingt, als wäre ein Engel direkt aus dem Musikhimmel hinabgestiegen. Jule kommt flötend den Weg hoch. Die Ratten starren sie an, aber keine Einzige läuft weg.

Als sie auf Höhe von Romeo und Lorenzo ist, nimmt sie kurz die Flöte von den Lippen. »Na, spiel schon mit, Romeo!« Sie zwinkert ihm zu. »Alleine schaff ich das nicht.«

Romeo fällt fast die Trommel aus den Pfoten. Krass!

Jule überholt die beiden und nimmt den Weg hinauf in den Wald.

Lorenzo ist der Erste, der sich fasst. »Ich hab doch gesagt, sie mag dich.« Er grinst übers ganze Gesicht. »Du Held, du!«

Romeo grinst zurück. Held! Klingt echt rattenscharf!

Die Hamelner Ratten wollen nicht, aber sie können nicht anders. Magisch angezogen folgen sie dem Flötenmädchen und der trommelnden Ratte aus der Stadt.

Cooles Konzert

Auf der Waldwiese bilden die Ratten einen Halbkreis um Romeo und Jule. Lorenzo räuspert sich. »Liebe Ratten. Wir haben euch hier hinausgeführt, weil ich euch etwas sag–«

»Quatsch nicht rum, Alter, die sollen weiterspielen!«, unterbricht ihn rabiat ein Rattenmädchen mit weißem Fell.

»Ja, es ist toll, hört nicht auf!«, fordert eine ältere Rattendame.

Romeo entdeckt auf einmal Pia, die mit einer Gruppe Kinder auf der Wiese erscheint.

»Macht schon! Gebt ein cooles Konzert! Jule sagt, die kleine Ratte ist der beste Trommler der Welt. Nun zeig's uns auch!«, ruft Pia über alle hinweg.

»Also los!«, sagt Jule. Sie lächelt Romeo an. Megakrass!

Je länger die beiden spielen, desto mehr Bewegung kommt in die Runde. Pia tanzt mit einem anderen Mädchen. Eine junge Ratte schlägt vor Vergnügen einen Salto nach dem anderen.

Als Romeo ein rasantes Trommelsolo spielt, hält Pia einem Rattenjungen den Arm hin. Der tappt hinauf und hockt sich auf ihre Schulter. Beide wippen im Takt zur Musik. Ultramegakrass!

Irgendwann können Romeo und Jule einfach nicht mehr.

»Pause! Später geht's weiter!«, ruft Lorenzo. »Ich kümmere mich ums Publikum«, zischelt er Romeo zu und ist schon im Gewühl untergetaucht.

Endlich kann Romeo seine gigantisch große Frage an Jule loswerden. »Warum hast du uns geholfen?«

Jule winkt Pia heran. »Erst hab ich gehofft, dass du nur ein blöder Albtraum bist. Aber, na ja, ich war dann doch bald ziemlich sicher, du bist echt. Dann habe ich Pia alles erzählt.«

Die schaut Romeo ernst an: »Ich hab am Anfang gedacht, Jule ist voll durchgeknallt. Hab mir echt Sorgen um sie gemacht.«

Jule grinst: »Aber ich hab nicht locker gelassen.«

»Von Jule weiß ich jetzt, dass wir alle was Falsches über euch Ratten gedacht haben. Und dass ihr intelligent seid und euch um den Müll der ganzen Stadt kümmert.«

»Aber vor allem, dass du der beste Trommler bist, den ich je gehört habe.«

Pia nickt. »Und Jule ist ganz schön anspruchsvoll. Wenn sie sagt, ihr Ratten macht super Musik, muss was dran sein an der Geschichte.«

Romeo hebt die Pfote und stellt klar: »Musik machen kann nur ich!«

Jule beißt sich auf die Lippen. »Es war gemein, dass ich dich in der Falle zu Papa gebracht hab. Und es ist auch gemein, dass man euch wegschaffen will.«

»Voll gemein!«, meint Pia. »Wir haben also beschlossen, wir sorgen dafür, dass die es mit eigenen Augen und Ohren erleben. Ratten und Menschen, die zusammen Musik machen.«

Romeo runzelt die Stirn. »Aber es sind nur die Kinder hier.«

»Was meinst du, wie schnell die Eltern kommen, wenn die merken, dass alle Kinder weg sind?«, meint Jule.

Pia deutet grinsend über die Wiese hinweg. »*Ziemlich* schnell.«

Es war die Nachtigall

Ein Menschenpaar stapft den Waldweg hinauf. Romeo erkennt den Bürgermeister sofort.

»Jule!«, jault der entsetzt.

Seine Frau kriegt Schnappatmung. »Was machst du denn da?«

Romeo zuckt zusammen. Ein Stück hinter Jules Eltern erscheinen auch seine eigenen. Wie zu einem Eiszapfen erstarrt, blickt sein Vater mit offenem Mund über die Wiese. »Siehst du, die Leute hatten recht!«, zischt er Romeos Mutter zu. »Dein Sohn hat alle in den Wald gelockt.«

»Deine Tochter und ihre Freundin haben alle in den Wald gelockt«, beschwert sich auch Jules Mutter beim Bürgermeister.

Beide Elternpaare marschieren entschlossen auf Romeo und Jule zu.

»Du kommst jetzt sofort mit nach Hause, Jule!«

»Du kommst jetzt sofort mit nach Hause, Romeo!«

Doch das Publikum will sich seine Musiker nicht wegnehmen lassen. Schützend stellen sich Ratten und Kinder den Eltern in den Weg.

Ein Junge, dessen rote Locken in der untergehenden Sonne wie kleine Flammen leuchten, ist sauer: »Das Konzert ist doch noch gar nicht zu Ende!«

Eine Rattenfrau, die auf einen Baum geklettert ist, um besser sehen zu können, ruft: »Wir wollen die Aufführung weiterhören. Die Musik ist einfach wunderschön!«

»Ist 'ne megacoole Show«, bestätigt der Rotgelockte.

»Echt tolles Konzert!«

»Konzert! Ich höre immer wieder *Konzert*. Was heißt denn hier Konzert?«, ruft der Bürgermeister aufgebracht. »Seit wann gibt es denn ein Konzert mit einer ekligen Ratte?!«

Romeos Mutter zieht scharf die Luft ein. »Haben Sie meinen Sohn *eklige Ratte* genannt? Sie ... Sie ... ekliger Mensch!«

Jules Mutter stampft wütend auf. »Nennen Sie meinen Mann nicht eklig! Er ist der *Bürgermeister*!«

Das wilde Geschimpfe der Eltern steigert sich.

67

Lorenzo schlüpft durch das Gewühl und bittet Romeo um einen Trommelwirbel. »Das Konzert geht weiter!«, ruft er laut.

Der Streit der Eltern bricht ab. Alle vier schauen fassungslos auf ihren musizierenden Nachwuchs.

»Ich versteh das alles nicht, Schatz!«, weint Romeos Mutter.

»Ich versteh das alles nicht, Liebling«, beklagt sich auch der Bürgermeister. »Seit wann sprechen Ratten unsere Sprache? Und wieso macht unsere Tochter zusammen mit einer Ratte Musik?«

»Pst«, zischt die kleine Rattendame streng, »nun hören Sie doch einfach mal zu!«

»Genau«, meint der Rothaarige, »das Gequatsche nervt!«

Die Eltern beobachten sprachlos, was geschieht. Menschen und Ratten tanzen miteinander. Immer mehr Hamelner Bürger erscheinen. Und am Schluss applaudieren alle wild.

Es ist ziemlich dunkel geworden. Doch dann schiebt sich der Vollmond über die Baumkronen, als wolle er auch noch etwas mitbekommen von dem außergewöhnlichen Konzert.

Pia springt auf. »Zugabe!«, ruft sie.

»Ja, gebt eine Zugabe!«, jubelt der Rotgelockte.

»Oder zwei!«, quiekt die Rattendame vom Baum herunter.

»Zugabe, Zugabe«, schallt es bald von allen Seiten.

»Jetzt ist aber mal Schluss!«, protestiert Jules Vater. Eine Nachtigall fliegt über ihn hinweg und lässt ein kleines Häuflein auf seinen Kopf fallen.

Dann schweigt auch der Bürgermeister.

69

Überraschung!

»Guten Morgen mein Sohn, Frühstückszeit!« Romeos Vater reicht ihm einen kleinen Apfel. »So was Gutes hast du noch nie gegessen.«

»Ganz frisch«, sagt Romeos Mutter begeistert kauend. »Kein bisschen vergammelt. Köstlich.«

Auch Romeo schmeckt's. Er schaut sich um. Gestern Nacht wollte niemand mehr zurück in die stickige, dreckige Stadt. Alle haben hier draußen übernachtet. Einige Ratten und Menschen schlafen auch jetzt noch, andere laufen herum und pflücken Obst.

»Also, das Konzert ...«, Romeos Vater räuspert sich, »wie soll ich sagen, das war schon irgendwie ...«

»... super«, ergänzt Romeos Mutter, »also ... irgendwie.«

Romeo schmeckt das Frühstück gleich noch mal doppelt so gut.

Nach einer Weile kommen Jule und deren Eltern auf sie zu. »Guten Morgen«, sagt Jule freundlich.

Romeos Vater hüstelt. Er ist es nicht gewohnt, von einem Menschen gegrüßt zu werden.

Romeos Mutter kriegt vor Aufregung Schluckauf. »Guten Morgen, hick, Jule, hick.«

»Guten Morgen allerseits, ich hoffe, Sie haben ... ähm ... gut geschlafen«, sagt Jules Mutter.

Der Bürgermeister schweigt. Seine Frau stößt ihm kräftig in die Rippen.

»Ja, ich ... wollte auch ... äh ... hallo sagen.«

»Hick«, macht Romeos Mutter.

Jule stöhnt ungeduldig. »Papa, jetzt mach schon.«

»Also, ja, meine Frau und ich ... wir wollten uns entschuldigen für gestern Abend. Wir waren vielleicht ... ein bisschen unhöflich.«

»Hick«, unterbricht Romeos Mutter, »*wir* müssen uns, hick, entschuldigen, wir haben ja, hick, angefangen ...«

»Oh nein!« Die Stimme des Bürgermeisters wird fester. »Kommt gar nicht infrage, *wir* sind ja sofort aggressiv geworden ...«

Jule zieht Romeo ein wenig auf die Seite. »Die Erwachsenen reden immer so viel dummes Zeug. Das wirklich Wichtige hat Papa noch nicht gesagt. Ihr sollt unbedingt in Hameln bleiben.«

»Cool!«

»Fallen und Köder und der ganze Kram, kommt alles weg.«

»Megacool!«

»Und die Stadt soll viel grüner werden. Mit Parks und Bäumen und so.«

»Hypermegacool!« Romeo kann es noch gar nicht fassen.

»Und Papa hat noch eine ganz besondere Idee. Er gründet die EGMH.«

»Ultrahypermega–« Romeo zögert. »Ähm, EGMH, was is'n das?«

Jule grinst: »Überraschung!«

Ein Jahr später ...

Romeo schaut vom Pausenhof auf die Stadt. Er kann es morgens kaum erwarten, zur Schule zu kommen. Niemals würde er auch nur eine Minute schwänzen. Er entdeckt Jule und Pia, die den kleinen Hügel hinauflaufen. Unter ihnen liegt das grüne Hameln. Der Wind streift über bunte Blumenwiesen. Müll und Abfallberge sind verschwunden. Romeo ist ein bisschen stolz auf sich. Er weiß, ohne ihn und Jule sähe das alles anders aus.

Die Mädchen betreten den Hof. »Hi.«

»Hi.«

»Und, hast du für den Test geübt?«, erkundigt sich Jule.

»Klar!« Romeo präsentiert mit seinen nagelneuen Trommelstöckchen ein irre flottes Solo.

Pia klatscht. »Ich wette, das gibt 'ne glatte Eins!«

»Von mir gibt's 'ne Eins plus!«, sagt Jule und lacht.

Der Schulgong ertönt. Eine bekannte Stimme klingt aus den Lautsprechern über der Eingangstür. »Guten Morgen, liebe Schülerinnen und Schüler der EGMH, der Ersten Gemeinsamen Musikschule in Hameln. Hier spricht euer Hausmeister Lorenzo. Die erste Stunde

beginnt in fünf Minuten. Bitte begebt euch in eure
Klassen und stimmt eure Instrumente.«

Kurze Zeit später hört man aus allen Fenstern Musik.
In den Bäumen vor der Schule versammeln sich die
Vögel und stimmen mit ein in das große Konzert.

Autorin: Gerlis Zillgens

Die Kölnerin Gerlis Zillgens war Schauspielerin und Regisseurin, hat
Filme und Serien geschrieben und sie ist mit Leib und Seele Autorin. In
ihren witzigen und unterhaltsamen Kinder- und Jugendbüchern geht es
um Individualität, Freundschaft und Toleranz. Wenn sie nicht gerade selber
schreibt, unterrichtet sie schreiben. Oder tanzt Tango und Salsa.
Oder turnt herum. Neulich sogar auf der Spiegel-Bestsellerliste.

Illustratorin: Katja Jäger

Katja Jäger wusste schon in der 1. Klasse, dass sie Illustratorin werden
wollte. Erste Auftragsarbeiten bekam sie von Klassenkameraden zur
Verbesserung mancher Kunstnote. Am liebsten entwickelt und illustriert
sie tierische Charaktere. Sie liebt die Farbe Grün und Frösche.

Mehr Infos vom Südpol:

Neuerscheinungen, AutorInnen, IllustratorInnen,
Termine, Vorablesen und Gewinnspiele
Einfach für den Südpol-Newsletter anmelden:
www.suedpol-verlag.de/newsletter.html

Danksagung

Ich danke allen Mitarbeitern des Museums Hameln, insbeson-
dere dem Museumsleiter Stefan Daberkow und der „Ratten-
beauftragten" Wibke Reimer für ihre sympathische und fachkun-
dige Beratung und Führung durch das spannende Haus. Romeo
hätte sich dort sicher wohlgefühlt und gern getrommelt.

Gerlis Zillgens

Die Kinder des Froschkönigs erzählen, wie's wirklich war

Eines Tages müssen die Froschkinder Hipp und Hopp mit ansehen, wie ihr Papa von einem langbeinigen, bleichen Wesen mit goldener Krone geküsst wird. Zu ihrem Entsetzen wachsen Papa Grünsprung grässlich lange Arme und Beine! Hipp und Hopp sind verzweifelt — sie wollen ihren Papa zurückhaben! Ein großes Abenteuer beginnt …

Der Froschkönig – was wirklich geschah:
Hipp & Hopp retten Papa Grünsprung
80 Seiten, geb., 12,90 €, durchgängig farbig illustriert, ISBN 978-3-943086-38-6

»Hier wird ein Märchen herrlich auf die Schippe genommen. Ein köstlicher Lesespaß« Kinderohren

Die Bremer Stadtmusikanten

Was keiner weiß: sie waren sogar zu fünft!

Der kleine Hund Oskar muss zu seinem Opa nach Bremen ziehen. In seiner neuen Klasse wird er von zwei aufgeblasenen Kötern gemobbt. Opa ist ihm dabei keine große Hilfe, er und seine Kollegen, Eselin Agatha, Katze Pummelchen und Hahn Schröder, wurden gerade entlassen — sie sind zu alt! Aber dann bringt Oskar die Bremer Bande gemeinsam mit dem Pudelmädchen Tiramisu auf Trab …

Die Bremer Stadtmusikanten – was wirklich geschah:
Oskar ganz nach oben, 80 Seiten, geb., 12,90 €, durchgängig farbig illustriert, ISBN 978-3-943086-53-9

»Witzig und temporeich«
Kinderbibliothek-Blog

Vorlesebücher vom Südpol

Kinder wissen es schon lange: Stofftiere leben!

Lene und Pipp machen ein Praktikum beim Puppenmacher Mister Paddock, als dieser Besuch vom Rattenjungen Paolo bekommt, einer lebendigen Stoffpuppe! Er stammt aus Mumpitzhausen, einem geheimen Dorf, in dem die fabelhaftesten und erstaunlichsten Stoff-Kreaturen leben. Doch Paolo hat schlechte Nachrichten: Die Kröte Kalle Panowski, Mumpitzhausens gewichtiger Bürgermeister, und sein Sekretär, der Hase Rasmus, werden vermisst!

»Eine märchenhafte Parallelwelt mit liebenswert-skurrilen Charakteren« Kilifü

»Fantasievoll, lustig und spanend – genau die richtige Mischung« Kinderohren-Blog

**Band 1: Die Mumpitze –
Der entführte Bürgermeister**
184 Seiten, geb., s/w-Illus, 12,90 €
ISBN 978-3-943086-26-3

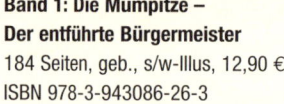

**Band 2: Die Mumpitze –
Der verschwundene Kompass**